SWEI

THEMATIC V(
AN~~
SHORT STORIES

ELVIN ALLAZOV

www.lingvora.com

Copyright © 2021 by Lingvora Books

All Rights Reserved. No part of this publication may be reproduced, distributed or transmitted in any form or by any means without the prior written permission of the Lingvora.

Published August 2021

Extra Graphic Material From:
www.shutterstock.com
Thanks to: designifty

Lingvora – Swedish available resources:

Swedish: Thematic Vocabulary and Short Stories
Swedish: Real-Life Conversations for Beginners

CONTENT

Preface   1

The Swedish alphabet and pronunciation   4

Thematic Vocabulary:

Personal Information	8
Accommodation	22
Environment	27
Business	35
Transportation	41
Education	49
Health	57
Buraeu	64
Societies and Politics	72
Entertainment	84
Food	94
General Words	98

10 SHORT STORIES:

My name is Lars.	106
My family	113
Our house	120
My daily routine	125

Summer holiday	**128**
The family Andersson	**135**
Farmer's daily routine	**149**
Anna in Sweden	**157**
At the doctor's	**165**
A day in Paris	**172**

Theme-Based Vocabulary Content

PERSONAL INFORMATION

- **1.1** Personal Information
- **1.2** Country and Nationality
- **1.3** Family
- **1.4** External Appearance
- **1.5** Character
- **1.6** Interests and Hobbies
- **1.7** Religion

ACCOMMODATION

- **2.1** House
- **2.2** Room and Facilities

ENVIRONMENT

- **3.1** City and Country
- **3.2** Landscape
- **3.3** Climate and Weather
- **3.4** Animals and Plants

PURCHASES

- **4.1** Purchase and Sale
- **4.2** Price and Money
- **4.3** Business
- **4.4** Clothes

TRANSPORTATION

- **5.1** Transportation
- **5.2** Direction
- **5.3** Tourism

EDUCATION

- **6.1** School
- **6.2** Class
- **6.3** Training

HEALTH

- **7.1** Body
- **7.2** Health
- **7.3** Medical Care

BUREAU

- **8.1** Administration
- **8.2** Social Services
- **8.3** Telecommunication
- **8.4** Police

SOCIETY AND POLITICS

- **9.1** Society
- **9.2** Politics
- **9.3** War
- **9.4** Law
- **9.5** Economy

ENTERTAINMENT

- **10.1** Event
- **10.2** Museum
- **10.3** Theater and Cinema
- **10.4** Radio and TV
- **10.5** Sport

FOOD

- **11.1** Food
- **11.2** Eating and Drinking

GENERAL WORDS

- **12.1** Time and Calendar
- **12.2** Color
- **12.3** Shapes
- **12.4** Most Useful Verbs

PREFACE

Reading is an entertaining and truly effective way to learn a new language. The problem is, when you are starting out with a new language, it can be difficult to look for suitable reading materials. Either you down in a sea of vocabulary you do not understand, or you get lost in lengthy story. Both can render the entire activity useless and a total waste of time.

This book consists of both theme-based vocabulary and short stories.

The vocabulary in this book is categorized under different themes. The theme-based vocabulary can serve as your main database to aid foreign-language acquisition and enhance your reading comprehension. Each theme groups together many different words relating to categorized topics, which helps learners of Swedish conveniently find words that are related by topic. The words on each page are placed in three columns: a word in English, its Swedish translation and space for writing practice. Such positioning allows for the use of techniques for effective memorization. At the end of each grouped thematic words, matching exercise is provided on purpose to help you memorize the words faster.

The vocabulary is intended to help you learn, memorize and review foreign words

- The vocabulary contains around 1,500 commonly used words
- Recommended as additional support material
- Meet the needs of both beginners and advanced learners
- Convenient for daily use and reviewing sessions
- Allows you assess your current vocabulary

It contains topics like **personal information, accommodation, environment, business, transportation, education, health, bureau, society and politics, entertainment, food and general words**. All topics has its own division of words based on themes that make total 45 themes.

The *short stories* part contains 10 Swedish stories designed to help you improve your reading and listening skills, and learn new vocabulary easily. They are written for beginner to pre-intermediate levels (A1-B1 on the Common European Framework of Reference). It will also be useful for more advanced learners as a way of practicing their reading skills and comprehension of the Swedish language.

Special learning aids to help support your understanding including:

- **Vocabulary lists** to help you understand unfamiliar words more easily. These words are bolded in the story and translated after each chapter. The vocabulary for the book builds in all stories to help you expand your vocabulary the more you read!
- **Comprehensive writing and speaking questions** to test your understanding of points in the story and to encourage you to read in more detail.

The stories have been arranged according to their degree of difficulty and each story is accompanied by several vocabulary sections inside the stories and story related questions. Boost your progress by using the exercises at the end of each story to practice writing and speaking skills.

Free sound tracks of short stories in mp3 format:

This book contains free mp3 of short stories. You can find the mp3 files at web platform www.lingvora.com. Each story is recorded in understandable speed so that you can easily follow the pronounciation of words in stories.

The Swedish alphabet and pronounciation

The Swedish alphabet consists of 29 letters. There are 9 vowels and 20 consonants in the alphabet.

Alphabet	Sound	Pronounciation example
A a	/ɑ:/	**a** as in **a**sk
B b	/be:/	**b** as in **b**asket
C c	/se:/	**s** before i,e,y as in **c**elebrity; or **k** in **C**anada
D d	/de:/	**d** as in **d**og
E e	/e:/	**e** as in **e**levated; or "a" sound before "g" letter
F f	/æf/	**f** as in **f**ood
G g	/ge:/	**s** as in **p**leasure before e,i,y,ä,ö; other **g** as in **G**od
H h	/ho:/	**h** as in **h**oliday
I i	/i:/	as in **i**nk

J j	/ji:/	**j** as in 's' in plea**s**ure
K k	/ko:/	**k** as in **k**id
L l	/æl/	**l** as in **l**amp
M m	/æm/	**m** as in **m**ountain
N n	/æn/	**n** as in **n**ovel
O o	/o:/	**o** as in **o**pen
P p	/pe:/	**p** as in **p**en
Q q	/ku:/	**q** is in **Q**uebec
R r	/ær/	**r** as in b**r**other
S s	/æs/	**s** as in **s**ister
T t	/te:/	**t** as in **t**able
U u	/u:/	**u** as in the **u**ltra
V v	/ʋe:/	sounds like a '**b**' in **B**asque
W w	/ʋe:/	**v** as in **v**ast

X x	/æks/	**ks** as in w**ax**
Y y	/y:/	**y** as in **y**ear
Z z	/tset/	**s** as in **s**mall
Å å	/o:/	**oo** in p**oo**r
Ä ä	/æ:/	**ae** as in **a**che
Ö ö	/ø:/	**ir** as in b**ir**d

Thematic Vocabulary

1. PERSONAL INFORMATION

1.1 Personal information | Personlig information

English	Swedish	Writing Practice
address	adress (en)	_____
adult	vuxen (en)	_____
age	ålder (en)	_____
birthday	födelsedag (en)	_____
boy	pojke (en)	_____
childhood	barndom (en)	_____
female	kvinna (en)	_____
girl	flicka (en)	_____
he	han	_____
height	längd (en)	_____
her	hennes	_____
his	hans	_____
I, me	jag	_____
ID card	ID kort (ett)	_____
identity	identitet (en)	_____
information	information (en)	_____

it	det	
lady	dam (en)	
man	man (en)	
married (fem.)	gift	
married (male)	gift	
married couple	gift par (ett)	
Mr.	herr (en herre)	
Ms./Mrs.	fröken/fru (en)	
name	namn (ett)	
person	person (en)	
preference	preferens (en)	
sex, gender	kön (ett)	
she	hon	
status	status (en)	
that	det	
to divorce	att skilja sig	
to live	att leva	
to marry	att gifta sig	
unemployed	arbetslös (en)	
we	vi	

English	Swedish	Writing Practice
weight	vikt (en)	
wife	hustru (en)	
woman	kvinna (en)	
you	du	
young lady	ung kvinna (en)	
youth	ungdom (en)	

1.2 Citizenship and nationality | Medborgarskap och nationalitet

English	Swedish	Writing Practice
Arabic	arabisk	
British	brittisk	
capital	huvudstad (en)	
citizenship	medborgarskap (ett)	
city	stad (en)	
country	land (ett)	
English	engelsk	
foreigner	utlänning (en)	
French	fransk	
Georgia	Georgien	

German	tysk	_____
Greek	grekisk	_____
home	hem (ett)	_____
homeland	hemland (ett)	_____
nation	nation (en)	_____
nationality	nationalitet (en)	_____
original	original (ett)	_____
Russia	Ryssland	_____
Russian	rysk	_____
state	stat (en)	_____
Turkey	Turkiet	_____
Turkish	turkisk	_____
USA	Amerikas Förenta Stater	_____
village	by (en)	_____

1.3 Family | Familj

English	Swedish	Writing Practice
adolescent	tonåring (en)	
aunt	faster (en)	
aunt	moster (en)	
baby	bebis (en)	
birth	födsel (en)	
brother	bror (en)	
child	barn (ett)	
family	familj (en)	
father	far (en)	
generation	generation (en)	
grandmother	farmor, mormor (en)	
husband	make (en)	
marriage	äktenskap (ett)	
member	medlem (en)	
milieu	miljö (en)	
mother	mor (en)	
parents	föräldrar (en)	

partner	partner (en)	
relative	släkting (en)	
siblings	syskon (ett)	
sister	syster (en)	
son	son (en)	
success	success (en)	
to bring up	att uppfostra	
to grow up	att växa upp	
to leave	att lämna	
to pay attention	att vara uppmärksam	
to take care	att vara försiktig	
uncle	farbror, morbror (en)	
workday	arbetsdag (en)	

1.4 External Appearance | Yttre Utseende

English	Swedish	Writing Practice
appearance	utseende (ett)	
attractive	attraktiv	
beautiful	vacker	

big	stor	_____
large	stor	_____
blond	blond	_____
enormous	enorm	_____
face	ansikte (ett)	_____
fat (overweight)	fet	_____
glasses	glasögon (ett par)	_____
hair	hår (ett)	_____
neat	prydlig	_____
normal	normal	_____
perfect	perfekt	_____
pretty	snygg	_____
figure	figur (en)	_____
slim	smal	_____
small, little	liten	_____
strong	stark	_____
thick	tjock	_____
thin	tunn	_____
to appear	att se ut	_____

ugly	ful	

1.5 Character | Karaktär

English	Swedish	Writing Practice
amusing	rolig	
behaviour	beteende	
belief	tro	
calm	lugn	
character	karaktär (en)	
cheerful	glad	
clever	smart	
confidential	konfidentiell	
conservative	konservativ	
crazy	galen	
dear	kär	
discreet	diskret	
dynamic	dynamisk	
faithful	trogen	
generous	generös	
happy	lycklig	

helpless	hjälplös	_____
honest	ärlig	_____
human	mänsklig	_____
intellectual	intellektuell	_____
intelligence	intelligens	_____
intelligent	intelligens (en)	_____
kind	snäll	_____
modest	blyg	_____
nice	trevlig	_____
open	öppen	_____
optimistic	optimistisk	_____
patience	tålamod (ett)	_____
personality	personlighet	_____
proud	stolt	_____
quiet	tystlåten	_____
reason	orsak (en)	_____
sensitive	känslig	_____
serious	allvarlig	_____
soft	mjuk	_____
strange	konstig	_____

English	Swedish	Writing Practice
stupid	dum	_____
thoughtful	omtänksam	_____
to be confused	vara förvirrad	_____
to behave	att bete	_____
to believe	att tro	_____
to characterize	att karaktärisera	_____
type	typ (en)	_____
uncertain	osäker	_____
uncertainty	osäkerhet (en)	_____
version	version (en)	_____

1.6 Interests and hobbies | Intressen och hobbyer

English	Swedish	Writing Practice
active	aktiv	_____
activity	aktivitet (en)	_____
capability	kapacitet (en)	_____
creative	kreativ	_____
creativity	kreativitet (en)	_____
desire	lust (en)	_____

enthusiasm	entusiasm (en)	_____
hobby	hobby (en)	_____
imagination	fantasi (en)	_____
interest	intresse (ett)	_____
interesting	intressant	_____
music	musik (en)	_____
passion	passion (en)	_____
peace (silence)	frid (en)	_____
photograph	fotograf (en)	_____
plan	plan (en)	_____
regular	vanlig (en)	_____
rhythm	rytm (en)	_____
shape	form (en)	_____
song	sång (en)	_____
sound	ljud (ett)	_____
spare time	fritid (en)	_____
talent	talang (en)	_____
to be busy with	att vara upptagen med	_____
to carry out	att utföra	_____

English	Swedish	Writing Practice
to change	att ändra	
to collect	att samla	
to draw	att rita	
to go for a walk	att ta en promenad	
to inspire	att inspirera	
to paint	att måla	
to play	att leka	
to please	att behaga	
to prefer	att föredra	
to sing	att sjunga	
to try out	att prova	
to watch	att titta på	
tone	ton (en)	

1.7 Religion | Religion

English	Swedish	Writing Practice
angel	ängel (en)	
Catholic	katolik (en)	
Christian	kristen (en)	
church	kyrka (en)	

community	samhälle (ett)	_____
cross	kors (ett)	_____
devil	djävul (en)	_____
faith	tro (en)	_____
fate	öde (ett)	_____
god	gud (en)	_____
Islam	Islam (en)	_____
Jew	Jude (en)	_____
mind	sinne (ett)	_____
miracle	mirakel (ett)	_____
Muslim	Muslim (en)	_____
priest	präst (en)	_____
religion	religion (en)	_____
religious	religös	_____
soul	själ (en)	_____
to belong	att tillhöra	_____
to pray	att be	_____
tradition	tradition (en)	_____
traditional	traditionell	_____

Let's make some review!

1. Try to match each word to its English translation.

person	to marry
att gifta sig	sex, gender
adress	wife
vikt	youth
ungdom	person
barndom	weight
hustru	address
kön	childhood
utlänning	nation
fransk	country
land	city
by	German
huvudstad	French
nation	village
stad	capital
tysk	foreigner
syster	relative
släkting	sister
förälder	brother
bror	parent

2. ACCOMMODATION

2.1 House | Hus

English	Swedish	Writing Practice
cellar	källare (en)	_____
district	distrikt (ett)	_____
equipment	utrustning (en)	_____
landlord	hyresvärd (en)	_____
owner	ägare (en)	_____
plot of land	tomt (en)	_____
rent	hyra (en)	_____
tenant	hyresgäst (en)	_____
thing, object	sak (en)	_____
to move in	att flytta in	_____
to surround	att omge	_____
to use	att använda	_____
villa	villa (en)	_____

2.2 Room and facilities | Rum och byggnader

English	Swedish	Writing Practice
bathroom	badrum (ett)	_____
benefit	fördel (en)	_____
cabinet	skåp (ett)	_____
candle	ljus (ett)	_____
carpet	matta (en)	_____
ceiling	tak (ett)	_____
clean	ren	_____
clock	klocka (en)	_____
coal	kol (ett)	_____
comfortable	bekväm	_____
corridor	korridor (en)	_____
curtain	gardin (en)	_____
door	dörr (en)	_____
dry	torr	_____
dust	damm (ett)	_____
entrance	ingång (en)	_____
furniture	möbel (en)	_____

gas	gas (en)	_____
heat	värme (en)	_____
heating	uppvärmning (en)	_____
hole	hål (ett)	_____
house	hus (ett)	_____
hot	het	_____
key	nyckel (en)	_____
kitchen	kök (ett)	_____
lamp	lampa (en)	_____
laundry	tvätt (en)	_____
living room	vardagsrum (ett)	_____
mirror	spegel (en)	_____
oven	ugn (en)	_____
protection	skydd (ett)	_____
room	rum (ett)	_____
thing	sak (en)	_____
to clear	att rensa	_____
to close	att stänga	_____
to complete	att slutföra	_____
to delay	att försena	_____

to enter	att gå in	
to exit	att gå ut	
to furnish	att möblera	
to install	att installera	
to keep	att behålla	
to open	att öppna	
to store	att lagra	
to switch on	att slå på	
to tide up	att städa	
trash	sopor (en)	
trash can	soptunna (en)	
wall	vägg (en)	
window	fönster (ett)	

Let's make some review!

2. Try to match each word to its English translation.

cellar	▪	▪ ägare
district	▪	▪ distrikt
equipment	▪	▪ het
landlord	▪	▪ hyresvärd
owner	▪	▪ källare
hot	▪	▪ kök
key	▪	▪ lampa
kitchen	▪	▪ nyckel
lamp	▪	▪ rum
laundry	▪	▪ sak
living room	▪	▪ skydd
mirror	▪	▪ spegel
oven	▪	▪ tvätt
protection	▪	▪ ugn
room	▪	▪ utrustning
thing	▪	▪ vardagsrum

3. ENVIRONMENT

3.1 City and country | Stad och land

English	Swedish	Writing Practice
agriculture	jordbruk (ett)	_____
castle	slott (ett)	_____
centre	centrum (ett)	_____
city	stad (en)	_____
city centre	stadscentrum (ett)	_____
industry	industri (en)	_____
location	plats (en)	_____
park	park (en)	_____
region	region (en)	_____
to create	att skapa	_____

3.2 Landscape | Landskap

English	Swedish	Writing Practice
shore	kust (en)	_____
peak	topp (en)	_____

water	vatten (ett)	_____
wave	våg (en)	_____
plain	slätt (en)	_____
mountain	berg (ett)	_____
soil	jord (en)	_____
stone	sten (en)	_____
canal	kanal (en)	_____
continent	kontinent (en)	_____
forest	skog (en)	_____
sea	hav (ett)	_____
lake	sjö (en)	_____
ocean	ocean (en)	_____
island	ö (en)	_____
to reflect	att reflektera	_____
sand	sand (en)	_____
earth	mark (en)	_____
beach	strand (en)	_____
to rise	att stiga	_____
field	fält (ett)	_____
nature	natur (en)	_____

English	Swedish	Writing Practice
desert	öken (en)	
to extend	att förlänga	
river	flod (en)	
to shine	att skina	
countryside	landsbygden (en)	
rock	klippa (en)	
to flow	att flyta	
hill	kulle (en)	

3.3 Climate and weather | Klimat och väder

English	Swedish	Writing Practice
air	luft (en)	
atmosphere	atmosfär (en)	
catastrophe	katastrof (en)	
Celsius	Celsius	
climate	klimat (ett)	
cloud	moln (ett)	
constant	konstant (en)	
darkness	mörker (ett)	
degree	grad (en)	

fog	dimma (en)	_____
fresh	frisk	_____
light	ljus (ett)	_____
mild	mild	_____
moon	måne (en)	_____
planet	planet (en)	_____
pleasant	behaglig	_____
probability	sannolikhet	_____
radiation	strålning (en)	_____
rain	regn (ett)	_____
shadow	skugga (en)	_____
shine	skina	_____
size	storlek (en)	_____
sky	himmel (en)	_____
snow	snö (en)	_____
star	stjärna (en)	_____
storm	storm (en)	_____
sun	sol (en)	_____
temperature	temperatur (en)	_____
to change	att ändra	_____

English	Swedish	Writing Practice
to dry	att torka	
to stop	att stoppa	
unpleasant	obehaglig	
view	vy (en)	
wet	blöt	
wind	vind (en)	

3.4 Animals and plants | Djur och växter

English	Swedish	Writing Practice
animal	djur (ett)	
bear	björn (en)	
biological	biologisk	
bird	fågel (en)	
blossom	blomning	
cat	katt (en)	
cell	cell (en)	
classification	klassifikation (en)	
cow	ko (en)	
dog	hund (en)	
environment	miljö (en)	

flower	blomma (en)	_____
horse	häst (en)	_____
indigenous	infödd (en)	_____
leaf	löv (ett)	_____
mouse	mus (en)	_____
organism	organism (en)	_____
pig	gris (en)	_____
plant	växt (en)	_____
preservation	bevarande	_____
root	rot (en)	_____
rose	ros (en)	_____
snake	orm (en)	_____
substance	substans (en)	_____
to eat	att äta	_____
to grow	att växa	_____
to open	att öppna	_____
to originate	att härstamma	_____
to protect	att skydda	_____
tree	träd (ett)	_____
type	typ (en)	_____

wild vild _____

wing vinge (en) _____

wood trä (ett) _____

Let's make some review!

3. Try to match each word to its English translation.

root	att äta
rose	att stiga
snake	centrum
substance	fält
to eat	jordbruk
snow	natur
star	öken
storm	orm
sun	ros
temperature	rot
beach	slott
to rise	snö
field	sol
nature	stad
agriculture	stjärna
castle	storm
centre	strand
city	substans
city centre	temperatur

4. BUSINESS

4.1 Purchase and sale | Köp och försäljning

English	Swedish	Writing Practice
available	tillgänglig	
buyer	köpare (en)	
choice	val (ett)	
customer	kund (en)	
list	lista (en)	
market	marknad (en)	
remaining (money)	återstående	
sale	försäljning (en)	
shop	butik (en)	
to choose	att välja	
to line up	att rada upp	
to offer	att erbjuda	
to pay	att betala	
to purchase	att köpa	
to recommend	att rekommendera	

to return	att returnera	
to sell	att sälja	
to take care	att ta hand om	
transaction	transaktion (en)	
various	olika	

4.2 Price and money | Pris och pengar

English	Swedish	Writing Practice
amount	belopp (ett)	
appropriate	lämplig	
bill	räkning (en)	
cheap	billig	
credit	kredit (en)	
currency	valuta (en)	
expenditure	utgift (en)	
financial, finance	finansiell, finans	
money	pengar	
payment	betalning (en)	
price	pris (ett)	
to be sufficient	att vara tillräckligt	

English	Swedish	Writing Practice
to determine	att avgöra	
to give	att ge	
to save	att spara	

4.3 Business | Företag

English	Swedish	Writing Practice
business	företag (ett)	
competition	konkurrens (en)	
demand	efterfrågan (en)	
entrepreneur	entreprenör (en)	
entrepreneurship	entreprenörskap (ett)	
income	inkomst (en)	
loss	förlust (en)	
product	produkt (en)	
profit	vinst (en)	
receipt	kvitto (ett)	
supplier	leverantör (en)	
tax	skatt (en)	
to be worthy	att vara värdig	

to invest	att investera	_____
to start	att börja	_____
trade	handla	_____
turnover (sales)	omsättning (en)	_____

4.4 Clothes | Kläder

English	Swedish	Writing Practice
additional	ytterligare	_____
bag	väska (en)	_____
clothes	kläder	_____
dirty	smutsig	_____
dress	klänning (en)	_____
fashion	mode (ett)	_____
hat	hatt (en)	_____
high-quality	hög kvalitet	_____
identical	identisk	_____
material	material (ett)	_____
pair	par (ett)	_____
pants	byxor	_____

quality	kvalitet (en)	_____
ring	ring (en)	_____
shirt	skjorta (en)	_____
shoe	sko (en)	_____
skirt	kjol (en)	_____
suit	kostym (en)	_____
synthetic	syntetisk	_____
tissue	material (ett)	_____
to carry	att bära	_____
to dress	att klä på sig	_____
to tear	att slita	_____

Let's make some review!

4. Try to match each word to its English translation.

bag	▪	▪ belopp
clothes	▪	▪ billig
dirty	▪	▪ förlust
dress	▪	▪ inkomst
fashion	▪	▪ kläder
income	▪	▪ klänning
loss	▪	▪ köpare
product	▪	▪ kredit
profit	▪	▪ kund
receipt	▪	▪ kvitto
amount	▪	▪ lämplig
appropriate	▪	▪ lista
bill	▪	▪ mode
cheap	▪	▪ produkt
available	▪	▪ smutsig
buyer	▪	▪ tillgänglig
choice	▪	▪ val
customer	▪	▪ väska
list	▪	▪ vinst

5. TRANSPORTATION

5.1 Transportation | Transport

English	Swedish	Writing Practice
accident	olycka (en)	_____
airplane	flygplan (ett)	_____
airport	flygplats (en)	_____
battery	batteri (ett)	_____
bicycle	cykel (en)	_____
boat	båt (en)	_____
bridge	bro (en)	_____
bus	buss (en)	_____
car	bil (en)	_____
caution	varning (en)	_____
connection	förbindelse (en)	_____
contact	kontakt (en)	_____
damage	skada (en)	_____
driver	förare (en)	_____
garage	garage (ett)	_____
harbour	hamn (en)	_____

line	linje (en)	_____
mechanical	mekanisk	_____
mobile	mobil (en)	_____
motor, engine	motor (en)	_____
motorway	motorväg (en)	_____
oil	olja (en)	_____
parking place	parkeringsplats (en)	_____
railway	järnväg (en)	_____
railway station	järnvägsstation (en)	_____
repair	reparation (en)	_____
route	rutt (en)	_____
ship	fartyg (ett)	_____
sign	skylt (en)	_____
signal	signal (en)	_____
speed	hastighet (en)	_____
station	station (en)	_____
taxi	taxi (en)	_____
to break	att bromsa	_____
to accelerate	att accelerera	_____
to achieve	att uppnå	_____

to arrive	att anlända	_____
to come toward(s)	att komma mot	_____
to damage	att skada	_____
to get in	att stiga på	_____
to get off	att stiga av	_____
to load	att ladda	_____
to miss	att missa	_____
to release	att släppa	_____
to repair	att reparera	_____
to replace	att ersätta	_____
to run	att springa	_____
to stop	att stanna	_____
to happen	att hända	_____
to take place	att ta plats	_____
to turn	att vända	_____
traffic	trafik (en)	_____
train	tåg (ett)	_____
transportation	transport (en)	_____
truck	lastbil (en)	_____

English	Swedish	Writing Practice
underground	tunnelbana (en)	
vehicle	fordon (ett)	
wheel	hjul (ett)	

5.2 Direction | Riktning

English	Swedish	Writing Practice
back	tillbaka	
corner	hörn (ett)	
direct	direkt	
direction	riktning (en)	
here	här	
left	vänster	
opposite	mitt emot	
orientation	orientering (en)	
point	punkt (en)	
right	höger	
step	steg (ett)	
street	gata (en)	
there	där	

English	Swedish	Writing Practice
to arrive	att anlända	
to drive there	att köra dit	
to go on	att gå vilse	
to go there	att åka dit	
to look for	att leta efter	
to proceed	att fortsätta	
to reach	att nå	

5.3 Tourism | Turism

English	Swedish	Writing Practice
adventure	äventyr (ett)	
airline	flygbolag (ett)	
citizenship	medborgarskap (ett)	
destination	destination (en)	
experience	erfarenhet (en)	
flight	flyg (ett)	
goal	mål (ett)	
group	grupp (en)	
holiday	semester (en)	
hotel	hotel (ett)	

English	Swedish	
information	information (en)	
journey	resa (en)	
leader	ledare (en)	
luggage	bagage (ett)	
on the way	på väg	
opinion	åsikt (en)	
passenger	passagerare (en)	
pension	pension (en)	
plan	plan (ett)	
residence	bostad (en)	
season	säsong (en)	
suitcase	resväska (en)	
tent	tält (ett)	
to accommodate	att inrymma	
to include	att inkludera	
to intend	att mena	
to make progress	att göra framsteg	
to pack	att packa	
to plan	att planera	

to return	att återvända	_____
tour	rundtur (en)	_____
tourism	turism (en)	_____
travel	resa (en)	_____
vacation	semester (en)	_____

Let's make some review!

5. Try to match each word to its English translation.

English	Swedish
ship	fartyg
sign	att accelerera
signal	att bromsa
speed	bagage
station	gata
taxi	grupp
to break	hastighet
to accelerate	höger
point	hotel
right	information
step	ledare
street	mål
goal	punkt
group	resa
holiday	semester
hotel	signal
information	skylt
journey	station
leader	steg
luggage	taxi

6. EDUCATION

6.1 School | Skola

English	Swedish	Writing Practice
academic	akademisk	_____
academy	akademi (en)	_____
analysis	analys (en)	_____
assessment	bedömning (en)	_____
attention	uppmärksamhet (en)	_____
class	klass (en)	_____
cognition	kognition (en)	_____
department	avdelning (en)	_____
education	utbildning (en)	_____
empirical	empirisk	_____
exchange program	utbytesprogram (ett)	_____
faculty	fakultet (en)	_____
institute	institut (ett)	_____
instruction	instruktion (en)	_____
lecture	föreläsning (en)	_____

method	metod (en)	_____
methodical	metodisk	_____
primary school	grundskola (en)	_____
professor	professor (en)	_____
pupil	elev (en)	_____
qualitative analysis	kvalitativ analys (en)	_____
quantitative	kvantitativ	_____
research	forskning (en)	_____
scale	skala (en)	_____
range	räckvidd (en)	_____
school	skola (en)	_____
science	vetenskap (en)	_____
secondary school	gymnasieskola (en)	_____
semester	termin (en)	_____
seminar	seminarie (ett)	_____
student	student (en)	_____
task	uppgift (en)	_____
teacher	lärare (en)	_____

English	Swedish	Writing Practice
thesis	avhandling (en)	
to appoint	att utse	
to concentrate	att koncentrera	
to be busy with	att vara upptagen med	
to educate	att utbilda	
to graduate	att ta studenten	
to know	att veta	
to report	att rapportera	
to study	att studera	
to teach	att undervisa	
to understand	att förstå	
university	universitet (ett)	

6.2 Class | Klass

English	Swedish	Writing Practice
challenge	utmaning (en)	
chemical	kemisk	
complete	fullständig	
complex	komplex (ett)	
complicated	komplicerad	

conclusion	slutsats (en)
concrete	konkret
condition, term	villkor (ett)
correct	korrekt
difference	skillnad (en)
difficult	svårt
error, mistake	misstag (ett)
essay	uppsats (en)
exam	examen (en)
example	exempel (ett)
excellent	excellent
experiment	experiment (ett)
formula	formel (en)
geography	geografi (en)
history	historia (en)
mathematics	matematik (en)
necessary	nödvändig
note, grade	betyg (ett)
opinion	åsikt (en)
oral	oral (en)

problem	problem (ett)	
qualification	kvalifikation (en)	
question	fråga (en)	
required	nödvändig	
subject	ämne (ett)	
to answer	att svara	
to apply	att ansöka	
to assess	att utvärdera	
to be correct	att ha rätt	
to calculate	att räkna	
to complete	att slutföra	
to define	att definiera	
to fail (exam)	att misslyckas (med tentamen)	
to find out	att ta reda på	
to improve	att förbättra	
to practice	att öva	
to prepare	att förbereda	
to strive	att sträva	
unclear	oklar	

6.3 Training | Träning

English	Swedish	Writing Practice
applicant	sökande (en)	_____
centre	center (ett)	_____
chance	chans (en)	_____
component	komponent (en)	_____
experience	erfarenhet (en)	_____
internship	praktik (en)	_____
job	jobb (ett)	_____
perspective	perspektiv (ett)	_____
potential	potential (en)	_____
practical	praktisk	_____
specialist	specialist (en)	_____
specific	specifik	_____
success	succé (en)	_____
to arrange	att arrangera	_____
to be suitable	att vara passande	_____
to change	att ändra	_____
to provide	att förse	_____
to specialize	att specialisera	_____

to train att träna _____

Let's make some review!

6. Try to match each word to its English translation.

academic	▪ ▪	akademi
academy	▪ ▪	akademisk
analysis	▪ ▪	ämne
assessment	▪ ▪	analys
attention	▪ ▪	att ansöka
class	▪ ▪	att svara
cognition	▪ ▪	att utvärdera
department	▪ ▪	avdelning
education	▪ ▪	bedömning
qualification	▪ ▪	chans
question	▪ ▪	erfarenhet
required	▪ ▪	fråga
subject	▪ ▪	klass
to answer	▪ ▪	kognition
to apply	▪ ▪	komponent
to assess	▪ ▪	kvalifikation
chance	▪ ▪	nödvändig
component	▪ ▪	praktik
experience	▪ ▪	uppmärksamhet
internship	▪ ▪	utbildning

7. HEALTH

7.1 Body | Kropp

English	Swedish	Writing Practice
arm	arm (en)	
belly	mage (en)	
body	kropp (en)	
bone	ben (ett)	
brain	hjärna (en)	
breast	bröst (ett)	
ear	öra (ett)	
eye	öga (ett)	
finger	finger (ett)	
forehead	panna (en)	
hand	hand (en)	
heart	hjärta (ett)	
knee	knä (ett)	
leg, ayaq	ben (ett)	
lip	läpp (en)	
mouth	mun (en)	

English	Swedish	Writing Practice
muscle	muskel (en)	_____
neck	nacke (en)	_____
nose	näsa (en)	_____
shoulder	axel (en)	_____
skin	skinn (ett)	_____
stomach	mage (en)	_____
to care	att bry sig	_____
to lose weight	att tappa vikt	_____
to sleep	att sova	_____
to wash	att tvätta	_____
tongue	tunga (en)	_____
tooth	tand (en)	_____
voice	röst (en)	_____

7.2 Health | Hälsa

English	Swedish	Writing Practice
bacterium	bakterie (en)	_____
blind	blind (en)	_____
blood	blod (ett)	_____

chronic	kronisk	_____
cigarette	cigarett (en)	_____
drug	drog (en)	_____
fever	feber (en)	_____
handicapped	handikappad (en)	_____
health	hälsa (en)	_____
idisease	sjukdom (en)	_____
illness	sjukdom (en)	_____
immune system	immunsystem (ett)	_____
infection	infektion (en)	_____
organic	organisk	_____
pain	smärta (en)	_____
risk	risk (en)	_____
symptom	symptom (ett)	_____
to break	att bryta	_____
to burn	att bränna	_____
to complain	att klaga	_____
to die	att dö	_____
to fall	att falla	_____
to injure	att skada	_____

English	Swedish	Writing Practice
to suffer	att lida	
to survive	att överleva	
to treat	att behandla	
virus	virus (ett)	
wound	sår (ett)	

7.3 Medical Care | Sjukvård

English	Swedish	Writing Practice
antibiotic	antibiotika (en)	
artificial	artificiell	
balance	balans (en)	
bandage	bandage (ett)	
breath	andetag (ett)	
condition	kondition (en)	
damage	skada (en)	
doctor	doktor (en)	
drug	drog (en)	
effect	effekt (en)	
examination	undersökning (en)	

English	Swedish	
hospital	sjukhus (ett)	_____
means	medel (ett)	_____
medical	medicinsk	_____
medicine	medicin (en)	_____
necessary	nödvändig	_____
operation, surgery	operation (en)	_____
patient	patient (en)	_____
physical	fysisk	_____
pregnant	gravid	_____
pressure	tryck (ett)	_____
recovery	återhämtning (en)	_____
tablet	tablett (en)	_____
therapy	terapi (en)	_____
tired	trött	_____
to activate	att aktivera	_____
to breathe	att andas	_____
to fall asleep	att somna	_____
to have an effect	att ha en effekt	_____

to prevent	att förebygga	_____
to recover	att återhämta	_____
to remove	att avlägsna	_____
to rescue	att rädda	_____
to wake up	att vakna upp	_____
torture	tortyr (en)	_____
treatment	behandling (en)	_____
weakness	svaghet (en)	_____
weight	vikt (en)	_____

Let's make some review!

7. Try to match each word to its English translation.

to rescue	▪	▪ arm
to wake up	▪	▪ att rädda
torture	▪	▪ att vakna upp
treatment	▪	▪ behandling
weakness	▪	▪ ben
weight	▪	▪ blind
blind	▪	▪ blod
blood	▪	▪ bröst
chronic	▪	▪ cigarette
cigarette	▪	▪ drog
drug	▪	▪ feber
fever	▪	▪ hälsa
handicapped	▪	▪ handikappad
health	▪	▪ hjärna
belly	▪	▪ kropp
body	▪	▪ mage
bone	▪	▪ svaghet
brain	▪	▪ tortyr
breast	▪	▪ vikt

8. BUREAU

8.1 Administration | Administration

English	Swedish	Writing Practice
administration	administration (en)	_____
application	applikation (en)	_____
appropriate	lämplig	_____
authority	auktoritet (en)	_____
certificate	certifikat (ett)	_____
department	avdelning (en)	_____
document	dokument (ett)	_____
employment	anställning (en)	_____
formal	formell	_____
function	funktion (en)	_____
identity card	identitetskort (ett)	_____
license	licens (en)	_____
list	lista (en)	_____
record	register (ett)	_____
office	kontor (ett)	_____
official	officiell	_____

		Writing Practice
passport	pass (ett)	
proof	bevis (ett)	
report	rapport (en)	
restricting	begränsar	
restriction	begränsning (en)	
signature	signatur (en)	
to confirm	att bekräfta	
to demand	att begära	
to identify	att identifiera	
to make easier	att göra lättare	
to prove	att bevisa	
to refuse	att vägra	
to register	att registrera	
to sign	att skriva under	

8.2 Social services | Sociala tjänster

English	Swedish	Writing Practice
basis	grund (en)	
call	samtal (ett)	

cause	orsak (en)	
complaint	klagomål (ett)	
deadline	tidsfrist (en)	
donation	donering (en)	
foundation	fond (en)	
help	hjälp (en)	
information	information (en)	
initiative	initiativ (ett)	
letter	brev (ett)	
measure	åtgärd (en)	
negotiation	förhandling (en)	
placement	placering (en)	
post office	postkontor (ett)	
recipient	mottagare (en)	
request	begäran (en)	
service	tjänst v	
social	social	
support	stöd (ett)	
to announce	att meddela	
to declare	att deklarera	

to delete	att radera	_____
to help	att hjälpa	_____
to hurry	att skynda	_____
to inform	att informera	_____
to pay attention	att vara uppmärksam	_____
to receive	att motta	_____
to request	att begära	_____
to send	att skicka	_____

8.3 Telecommunication | Telekommunikation

English	Swedish	Writing Practice
application	applikation (en)	_____
audience	publik (en)	_____
automatic	automatisk	_____
computer	dator (en)	_____
connection	anslutning (en)	_____
data	data (en)	_____
digital	digital	_____
electronic	elektronisk	_____

forum	forum (ett)	_____
internet	internet (ett)	_____
key, button	tangent (en)	_____
message	meddelande (ett)	_____
network	nätverk (ett)	_____
news	nyheter (plural)	_____
	(sing. nyhet (en))	
online	online	_____
operating system	operativ system (ett)	_____
screen, monitor	monitor (en)	_____
system	system (ett)	_____
technology	teknologi (en)	_____
to change	att ändra	_____
to connect	att ansluta	_____
to control	att kontrollera	_____
to convert	att konvertera	_____
to enable	att möjliggöra	_____
to install	att installera	_____

user	användare (en)	
version	verison (en)	

8.4 Police | Polis

English	Swedish	Writing Practice
access	tillgång (en)	
detail	detalj (en)	
inspection	inspektion (en)	
police	polis (en)	
prison	fängelse (ett)	
prisoner	fånge (en)	
protection	beskydd (ett)	
safety	säkerhet (en)	
suspicion	misstanke (en)	
to arrest	att arrestera	
to ask question	att ställa fråga	
to suspect	att misstänka	
to attack	att attackera	
to disappear	att försvinna	

to find out	att komma på	_____
to hide	att gömma	_____
to kill	att döda	_____
to pursue	att förfölja	_____
to secure	att säkra	_____
to warn	att varna	_____
weapon	vapen (ett)	_____
witness	vittne (ett)	_____

Let's make some review!

8. Try to match each word to its English translation.

prisoner	anställning
protection	att arrestera
safety	auktoritet
suspicion	avdelning
to arrest	beskydd
data	certifikat
digital	data
electronic	digital
forum	dokument
internet	elektronisk
basis	fånge
call	forum
cause	grund
complaint	internet
deadline	klagomål
authority	misstanke
certificate	orsak
department	säkerhet
document	samtal
employment	tidsfrist

9. SOCIETIES AND POLITICS

9.1 Society | Samhälle

English	Swedish	Writing Practice
advanced	avancerad	
advantage	fördel (en)	
background	bakgrund (en)	
circumstance	omständighet (en)	
citizen	medborgare (en)	
civic	medborgerlig	
commitment	engagemang (ett)	
consequence	konsekvens (en)	
consideration	hänsyn (en)	
critical	kritisk	
criticism	kritik (en)	
culture	kultur (en)	
current	nuvarande	
daily	daglig	
debate	debatt (en)	
disadvantage	nackdel (en)	

diversity	mångfald (en)	_____
essential	grundläggande	_____
fact	fakta (en)	_____
financial	finansiell	_____
humanity	mänsklighet (en)	_____
implementation	implementering (en)	_____
integration	integration (en)	_____
intercultural	interkulturell	_____
majority	majoritet (en)	_____
minority	minoritet (en)	_____
ordinary	vanlig	_____
poverty	fattigdom (en)	_____
private	privat	_____
problem	problem (ett)	_____
problematic	problematisk	_____
protest	protest (en)	_____
public	publik (en)	_____
realistic	realistisk	_____
reality	realitet (en)	_____
reform	reform (en)	_____

representative	representativ	_____
respect	respekt (en)	_____
society	samhälle (ett)	_____
solidarity	solidaritet (en)	_____
speech	tal (ett)	_____
starting point	startpunkt (en)	_____
statistics	statistik (en)	_____
support	stöd (ett)	_____
temporary	tillfällig	_____
to be based	att vara baserad	_____
to confront	att konfrontera	_____
to contribute	att bidra	_____
to fail	att misslyckas	_____
to include	att inkludera	_____
to integrate	att integrera	_____
unity	enhet (en)	_____

9.2 Politics | Politik

English	Swedish	Writing Practice
agreement	avtal (ett)	_____
alliance	allians (en)	_____
border	gräns (en)	_____
candidate	kandidat (en)	_____
coalition	koalition (en)	_____
committee	utskott (ett)	_____
conference	konferens (en)	_____
congress	kongress (en)	_____
connection	anslutning (en)	_____
democracy	demokrati (en)	_____
discovery	upptäckt (en)	_____
district	distrikt (ett)	_____
economic policy	ekonomisk policy (en)	_____
election	val (ett)	_____
embassy	ambassad (en)	_____
expansion	expansion (en)	_____
famous	berömd	_____

finance minister	finansminister (en)	
flag	flagga (en)	
freedom	frihet (en)	
global	global	
government	regering (en)	
governor	guvernör (en)	
headquarter	högkvarter (ett)	
human right	mänsklig rätt (en)	
internal	intern	
king	kung (en)	
kingdom	kungarike (ett)	
liberal	liberal (en)	
management	förvaltning (en)	
minister	minister (en)	
mission	uppdrag (ett)	
nation	nation (en)	
official	tjänsteman (en)	
opinion	åsikt (en)	
order	order (en)	

organization	organisation (en)	_____
orientation	inriktning (en)	_____
parliament	parlament (ett)	_____
politician	politiker (en)	_____
politics	politik (en)	_____
population	befolkning (en)	_____
president	president (en)	_____
refugee	flykting (en)	_____
regime	regim (en)	_____
rule	styre (ett)	_____
scarce	knapp	_____
statement	uttalande (ett)	_____
subsidy	bidrag (ett)	_____
surface	yta (en)	_____
terror	terror (en)	_____
to decide	av bestämma	_____
to export	att exportera	_____
to import	att importera	_____
to introduce	att introducera	_____
to resign	att avgå	_____

English	Swedish	Writing Practice
to succeed	att efterträda	
to unite	att förena	
vote	röst (en)	
world	värld (en)	

9.3 War | Krig

English	Swedish	Writing Practice
army	arme (en)	
bomb	bomb (en)	
conflict	konflikt (en)	
crisis	kris (en)	
dangerous	farlig	
free	fri	
military	militär (en)	
officer	officer (en)	
peace	fred (en)	
strategy	strategi (en)	
to destroy	att förstöra	
to intervene	att ingripa	

to occupy	att ockupera	
to serve	att tjäna	
to threaten	att hota	
troop	trupp (en)	
uniform	uniform (en)	
war	krig (ett)	
world war	världskrig (ett)	

9.4 Law and right | Lag och Rätt

English	Swedish	Writing Practice
civil code	civillag (en)	
claim	krav (ett)	
court	domstol (en)	
dispute	tvist (en)	
injustice	orättvisa (en)	
intention	avsikt (en)	
judgement	dom (en)	
jurisdiction	jurisdiktion (en)	
justice	rättvisa (en)	
law	lag (en)	

		Writing Practice
property	fast egendom (en)	
regulation	reglering (en)	
to carry out	att utföra	
to defend	att försvara	
to enact	att anta	
to intensify	att intensifiera	
to observe	att observera	
to refuse	att vägra	
to restrict	att begränsa	

9.5 Economy | Ekonomi

English	Swedish	Writing Practice
advisor	rådgivare (en)	
agriculture	lantbruk (ett)	
bond	obligation (en)	
capital	kapital (ett)	
company	företag (ett)	
consumer	konsument (en)	
cooperation	samarbete (ett)	

creditor	borgenär (en)
debtor	gäldenär (en)
deficit	underskott (ett)
economic	ekonomisk
economic situation	ekonomisk situation (en)
financial year	budgetår (ett)
fund	fond (en)
growth	tillväxt (en)
industry	industri (en)
interest rate	ränta (en)
investor	investerare (en)
loan	lån (ett)
manufacturer	tillverkare (en)
marketing	marknadsföring (en)
national economy	nationalekonomi (en)
production	produktion (en)
productive	produktiv
profit	vinst (en)

progress	framsteg (ett)	_____
raw material	råmaterial (ett)	_____
resource	resurs (en)	_____
sector	sektor (en)	_____
share	aktie (en)	_____
shareholder	aktieägare (en)	_____
to extend	att förlänga	_____
to produce	att producera	_____
trade	handel (en)	_____

Let's make some review!

9. Try to match each word to its English translation.

anslutning	advisor
arme	agriculture
bomb	bond
civillagen	civil code
demokrati	claim
domstol	court
konferens	army
konflikt	bomb
kongress	conflict
krav	crisis
kris	conference
lantbruk	congress
obligation	connection
rådgivare	democracy
realitet	discovery
reform	reality
representativ	reform
respekt	representative
samhälle	respect
solidaritet	society
upptäckt	solidarity

10. ENTERTAINMENT

10.1 Event | Evenemang

English	Swedish	Writing Practice
audience	publik (en)	
available	tillgänglig	
boring	tråkig	
celebration	firande	
characteristic	karakteristisk	
conclusion	slutsats (en)	
dance	dans (en)	
end	slut (ett)	
entertainment	underhållning (en)	
entry, admission	inträde (ett)	
event	evenemang (ett)	
exciting	spännande	
festival	festival (en)	
gift	gåva (en)	
important	viktig	
mood	humör (ett)	

English	Swedish	Writing Practice
occasion	tillfälle (ett)	
participation	deltagande (ett)	
peak	topp (en)	
pleasure	nöje (ett)	
to fill	att fylla	
to leave	att lämna	
to organize	att organisera	
to participate	att delta	
to succeed	att lyckas	
to surprise	att överraska	
unusual	ovanlig	
usual	vanlig	
visitor	besökare (en)	
wedding	bröllop (ett)	

10.2 Museum | Museum

English	Swedish	Writing Practice
abstract	abstrakt	
aesthetic	estetisk	
architecture	arkitektur (en)	

art	konst (en)	_____
collection	samling (en)	_____
construction	konstruktion (en)	_____
drawing	teckning (en)	_____
exhibition	utställning (en)	_____
framework	ramverk (ett)	_____
gallery	galleri (ett)	_____
model	modell (en)	_____
museum	museum (ett)	_____
observer	observatör (en)	_____
opening	öppning (en)	_____
painting	målning (en)	_____
remarkable	anmärkningsvärd	_____
style	stil (en)	_____
symbol	symbol (en)	_____
to build	att bygga	_____
to design	att designa	_____
to display	att visa	_____

10.3 Theatre and cinema | Teater och bio

English	Swedish	Writing Practice
act	agera	_____
actor	skådespelare (en)	_____
cinema	bio (en)	_____
classical	klassisk	_____
concert	konsert (en)	_____
dramatic	dramatisk	_____
effect	effekt (en)	_____
film	film (en)	_____
hero	hjälte (en)	_____
jazz	jazz (en)	_____
opera	opera (en)	_____
orchestra	orkester (en)	_____
performance	föreställning (en)	_____
piano	piano (ett)	_____
production	produktion (en)	_____
scene	scen (en)	_____
sound	ljud (ett)	_____

English	Swedish	Writing Practice
stage	scen (en)	
theatre	teater (en)	
to perform	att uppträda	
to watch	att titta på	
unknown	okänd	
well known	välkänd	

10.4 Radio and TV | Radio och TV

English	Swedish	Writing Practice
advertising	reklam (en)	
author	författare (en)	
book	bok (en)	
broadcast	utsända	
CD	CD (en)	
chapter	kapitel (ett)	
comment	kommentar (en)	
content	innehåll (ett)	
distribution	distribution (en)	
edition	utgåva (en)	

fairy tale	saga (en)	
frequency	frekvens (en)	
library	bibliotek (ett)	
literary	litterär	
journal	tidskrift (en)	
media	media (en)	
newspaper	tidning (en)	
novel	roman (en)	
poem	dikt (en)	
press	press (en)	
publication	publicering (en)	
publishing house	förlag (ett)	
record	skiva (en)	
registration	registrering (en)	
report	rapport (en)	
series	serier (plural)	
	sing. serie (en)	
show	show (en)	
speaker	högtalare (en)	
storyteller	berättare (en)	

		Writing Practice
television	television (en)	_____
to advertise	att annonsera	_____
video	video (en)	_____
volume	volym (en)	_____

10.5 Sport | Sport

English	Swedish	Writing Practice
aim	sikte (ett)	_____
athlete	idrottare (en)	_____
ball	boll (en)	_____
club	klubb (en)	_____
command	kommando (ett)	_____
competitor	tävlare (en)	_____
course	kurs (en)	_____
discipline	disciplin (en)	_____
effort	ansträngning (en)	_____
fan	beundrare (en)	_____
football	fotboll (en)	_____
game	match (en)	_____
member	medlem (en)	_____

race	lopp (ett)	_____
result	resultat (ett)	_____
risk	risk (en)	_____
running	löpning (en)	_____
sport	sport (en)	_____
stadium	stadion (en)	_____
strength	styrka (en)	_____
sweat	svett (en)	_____
team	lag (ett)	_____
tennis	tennis (en)	_____
to climb	att klättra	_____
to give up	att ge upp	_____
to jump	att hoppa	_____
to lead	att leda	_____
to qualify	att kvalificera	_____
to start	att börja	_____
to sweat	att svettas	_____
to swim	att simma	_____
to train	att träna	_____
to win	att vinna	_____

victory seger (en) _____

winner vinnare (en) _____

Let's make some review!

10. Try to match each word to its English translation.

berättare	▪	▪ audience
dramatisk	▪	▪ available
effekt	▪	▪ boring
film	▪	▪ celebration
firande	▪	▪ framework
galleri	▪	▪ gallery
högtalare	▪	▪ model
konsert	▪	▪ museum
löpning	▪	▪ concert
modell	▪	▪ dramatic
museum	▪	▪ effect
publik	▪	▪ film
ramverk	▪	▪ series
serier	▪	▪ show
show	▪	▪ speaker
sport	▪	▪ storyteller
stadion	▪	▪ running
styrka	▪	▪ sport
tillgänglig	▪	▪ stadium
tråkig	▪	▪ strength

11. FOOD

11.1 Food | Mat

English	Swedish	Writing Practice
alcohol	alkohol (en)	_____
apple	äpple (ett)	_____
beer	öl (en)	_____
bread	bröd (ett)	_____
butter	smör (ett)	_____
cheese	ost (en)	_____
coffee	kaffe (ett)	_____
egg	ägg (ett)	_____
fig	fikon (ett)	_____
fish	fisk (en)	_____
fruit	frukt (en)	_____
ice cream	glass (en)	_____
meat	kött (ett)	_____
milk	mjölk (en)	_____
onion	lök (en)	_____
potato	potatis (en)	_____

English	Swedish	Writing Practice
salt	salt (ett)	
seed	frö (ett)	
sugar	socker (ett)	
tea	te (ett)	
vegetables	grönsaker (plural)	
	sing. grönsak (en)	
wine	vin (ett)	

11.2 Eating and drinking | Ätande och drickande

English	Swedish	Writing Practice
bitter	bitter	
bottle	flaska (en)	
breakfast	frukost (en)	
cold	kall	
diet	diet (en)	
dish	maträtt (en)	
enough	tillräckligt	
food	mat (en)	
hot	varm	
knife	kniv (en)	

organic	organisk	_____
oven	ugn (en)	_____
plate	tallrik (en)	_____
reservation	bokning (en)	_____
restaurant	restaurang (en)	_____
sweet	söt	_____
to bake	att baka	_____
to be sufficient	att vara tillräcklig	_____
to cook	att laga	_____
to drink	att dricka	_____
to eat	att äta	_____
to enjoy	att tycka om	_____
to order	att beställa	_____
to serve	att tjäna	_____

Let's make some review!

11. Try to match each word to its English translation.

alcohol	▪	▪ ägg
apple	▪	▪ alkohol
beer	▪	▪ äpple
bread	▪	▪ att baka
butter	▪	▪ att dricka
cheese	▪	▪ att laga
coffee	▪	▪ att vara tillräcklig
egg	▪	▪ bokning
fig	▪	▪ bröd
fish	▪	▪ fikon
fruit	▪	▪ fisk
organic	▪	▪ frukt
oven	▪	▪ kaffe
plate	▪	▪ öl
reservation	▪	▪ organisk
restaurant	▪	▪ ost
sweet	▪	▪ restaurang
to bake	▪	▪ Smör
to be sufficient	▪	▪ söt
to cook	▪	▪ tallrik
to drink	▪	▪ ugn

12. GENERAL WORDS

12.1 Color | Färg

English	Swedish	Writing Practice
black	svart	_____
blue	blå	_____
colourful	färgrik	_____
green	grön	_____
grey	grå	_____
orange	orange	_____
purple	lila	_____
red	röd	_____
white	vit	_____
yellow	gul	_____

12.2 Форма | Form

English	Swedish	Writing Practice
bottom	botten (en)	_____
circle	cirkel (en)	_____
long	lång	_____

English	Swedish	Writing Practice
narrow	smal	
peak	topp (en)	
point	punkt (en)	
round	rund	
short	kort	
tall, high	hög	
top	topp (en)	
wide	bred	

12.3 Time and calendar | Tid och kalender

English	Swedish	Writing Practice
yesterday	igår	
today	idag	
year	år (ett)	
time	tid (en)	
moment	ögonblick (ett)	
future	framtid (en)	
date	datum (ett)	
evening	kväll (en)	

morning	morgon (en)	_____
January	januari	_____
February	februari	_____
March	mars	_____
April	april	_____
May	maj	_____
June	juni	_____
July	juli	_____
August	augusti	_____
September	september	_____
October	oktober	_____
November	november	_____
December	december	_____
Monday	måndag (en)	_____
Tuesday	tisdag (en)	_____
Wednesday	onsdag (en)	_____
Thursday	torsdag (en)	_____
Friday	fredag (en)	_____
Saturday	lördag (en)	_____
Sunday	söndag (en)	_____

English	Swedish	Writing Practice
month	månad (en)	
day	dag (en)	
hour	timme (en)	
week	vecka (en)	
summer	sommar (en)	
autumn	höst (en)	
winter	vinter (en)	
spring	vår (en)	
now	nu (ett)	
short term	kortsiktig	
long term	långsiktig	

12.4 Most useful verbs | Mest användbara verb

English	Swedish	Writing Practice
to allow	att tillåta	
to ask	att fråga	
to be	att vara	
to believe	att tro	
to bring	att ta med	
to call	att ringa	

to choose	att välja	_____
to come	att komma	_____
to cry	att gråta	_____
to do	att göra	_____
to drive	att köra	_____
to eat	att äta	_____
to exist	att existera	_____
to find	att hitta	_____
to give	att ge	_____
to go	att gå	_____
to have	att ha	_____
to know	att veta	_____
to laugh	att skratta	_____
to lead	att leda	_____
to learn	att lära	_____
to like	att gilla	_____
to live	att leva	_____
to love	att älska	_____
to make	att göra	_____
to name	att namnge	_____

to need	att behöva	_____
to play	att spela	_____
to put	att lägga	_____
to read	att läsa	_____
to receive	att motta	_____
to run	att springa	_____
to say	att säga	_____
to scream	att skrika	_____
to see	att se	_____
to show	att visa	_____
to sing	att sjunga	_____
to speak	att tala	_____
to stand	att stå	_____
to stay	att förbli	_____
to stop	att stanna	_____
to take	att ta	_____
to tell	att berätta	_____
to think	att tänka	_____
to try	att försöka	_____
to understand	att förstå	_____

to want	att vilja	_____
to work	att jobba	_____

10 SHORT STORIES IN SWEDISH

Story 1 🔊

Jag heter Lars.

My name is Lars.

Hej. Jag **heter** Lars. Jag är 15 år gammal. Jag **bor** i Stockholm med min familj. Jag tycker om att **läsa** böcker. Engelska, Biologi och Kemi är mina **favoritämnen** i skolan. **Jag planerar** att studera medicinsk vetenskap vid ett av de mest **prestigefyllda** universiteten i USA.

heter	name
bor	live
i Stockholm	in Stockholm
läsa	read
favoritämnen	favourite subjects
Jag planerar	I plan
prestigefyllda	prestigious

Mina favoritaktiviteter är **att spela** piano och volontärarbete. Jag **tycker om** att lyssna på klassisk **musik**. Johann Sebastian Bach är min favoritkompositör.

Jag är volontär ibland på ett lokalt djurhem. Jag **älskar** hundar mest. Jag har två **husdjur**; en hund som heter Mike och en **katt** som heter Prince. Jag går ut med Mike på **promenader** till den lokala parken varje dag.

att spela	playing
tycker om	like
musik	music
älskar	love
husdjur	pets
katt	cat
promenader	walks

A. Vocabulary

This is a copy of the original story. Fill the blank with missing words from the box.

favoritämnen   att spela   musik   lokalt

läsa   prestigefyllda   älskar   medicinsk

heter   planerar   tycker om   volontär

Hej. Jag ____ Lars. Jag är 15 år gammal. Jag bor i Stockholm med min familj. Jag tycker om att ____ böcker. Engelska, Biologi och Kemi är mina ____ i skolan. Jag ____ att studera ____ vetenskap vid ett av de mest ____ universiteten i USA. Mina favoritaktiviteter är ____ piano och volontärarbete. Jag ____ att lyssna på klassisk ____. Johann Sebastian Bach är min favoritkompositör. Jag är ____ ibland på ett ____ djurhem. Jag ____ hundar mest.

B. Speaking Practice

Berätta för oss om dina favoritaktiviteter!
(Tell us about your leisure activities!)

109

C. Writing Practice

Answer the following questions.

Practice 1: Var bor Lars?
(Where does Lars live?)

Practice 2: Vilka är hans favoritämnen?
(What are his favourite subjects?)

Practice 3: Vad vill Lars studera vid universitetet?
(What does Lars want to study at the university?)

Practice 4: Vilka är hans favoritaktiviteter?
(What are his favorite leisure activities?)

Story 1: My name is Lars.

Hello. My name is Lars. I am 15 years old. I live in Stockholm with my family.

I like to read books. English, Biology and Chemistry are my favorite subjects at school. I plan to study medical science at one of the most prestigious universities of USA.

My favorite leisure activities are playing piano and volunteering.

I like listening to classical music. Johann Sebastian Bach is my favorite composer.

I volunteer sometimes at a local animal shelter. I love dogs the most. I have two pets; a dog named Mike and a cat named Prince. I take Mike on walks to the local park every day.

D. Take your notes here

Story 2 🔊

Min familj

My family

Jag heter Mikael. Det finns fem **personer** i vår **familj**. Min pappa heter Johan. Han är fyrtio år gammal. Han är en **tandläkare**. Min mamma heter Johanna. Hon är trettiofem år **gammal**. Hon är en **revisor**. Jag har **en bror** och **en syster**.

Min bror är 13 år gammal. Han heter Johannes. Min syster heter Kristina. Hon är 11 år gammal. Kristina vill bli **lärare**.

personer	people
familj	family
tandläkare	dentist
gammal	old
revisor	accountant
en bror	a brother
en syster	a sister
lärare	teacher

Jag har två **farföräldrar**. De bor i Stockholm. De heter Sven och Lotta. De är **pensionärer**. Min farfar Sven var en **läkare**. Han var i **armén** i tio år. Lotta var en sjuksköterska. De **möttes** för första gången på ett **sjukhus**. De har varit gifta i 40 år. Sven älskar trädgårdsarbete. Han har **underbara** växter i sin trädgård. Lotta är volontär på ett lokalt boende för **hemlösa** och lagar mat åt de hemlösa.

farföräldrar	grandparents
pensionärer	pensioners
läkare	doctor
armén	the army
möttes	met
sjukhus	hospital
underbara	lovely
hemlösa	homeless

A. Vocabulary

This is a copy of the original story. Fill the blank with missing words from the box.

tandläkare	lärare	läkare	bror
familj	revisor	pensionärer	armén
personer	gammal	farföräldrar	syster

Jag heter Mikael. Det finns fem _____ i vår _____. Min pappa heter Johan. Han är fyrtio år gammal. Han är en _____. Min mamma heter Johanna. Hon är trettiofem år _____. Hon är en _____. Jag har en _____ och en _____. Min bror är 13 år gammal. Han heter Johannes. Min syster heter Kristina. Hon är 11 år gammal. Kristina vill bli _____. Jag har två _____. De bor i Stockholm. De heter Sven och Lotta. De är _____. Min farfar Sven var en _____. Han var i _____ i tio år.

B. Speaking Practice

Berätta för oss om din familj!
(*Tell us about your family!*)

C. Writing Practice 📝

Answer the following questions.

Practice 1: Vem är Johan?
(*Who is Johan?*)

Practice 2: Hur gammal är Johanna?
(*How old is Johanna?*)

Practice 3: Var bor Mikaels farföräldrar?
(*Where do Mikael's grandparents live?*)

Practice 4: Vad tycker Sven och Lotta om att göra?
(*What does Sven and Lotta like to do?*)

Story 2: My family

My name is Mikael. There are five people in our family. My father's name is Johan. He is forty years old. He is a dentist. My mother's name is Johanna. She is thirty five years old. She is an accountant. I have a brother and a sister.

My brother is 13 years old. His name is Johannes. My sister's name is Kristina. She is 11 years old. Kristina wants to be a teacher.

I have two grandparents. They live in Stockholm. Their names are Sven and Lotta. They are pensioners. My grandfather Sven was a doctor. He was in the army for 10 years. Lotta was a nurse. They first met in a hospital. They have been married for 40 years. Sven loves gardening. He has lovely plants in his garden. Lotta volunteers at a local homeless shelter and prepares food for the homeless people.

D. Take your notes here

Story 3

Vårt hus

Our house

Jag heter Nicklas. Jag bor med min familj i ett **vackert** hus. Här kommer jag att **beskriva** mitt hus. Det finns en vacker **trädgård** på baksidan av mitt hus. Vi har många **blommor** och ett par träd i trädgården. **Trädgårdsarbete** är mina föräldrars hobby. **Våra vänner** och grannar besöker oss ofta. Vi tycker om att **spendera tid** med dem i trädgården.

vackert	beautiful
beskriva	describe
trädgård	garden
blommor	flowers
trädgårdsarbete	gardening
våra vänner	our friends
spendera tid	spend time

Vårt hus är stort. Det finns ett **vardagsrum**, **tre sovrum**, två badrum, **kök** och **källare** i huset. Vardagsrummet är ganska stort. Det finns en bekväm soffa, ett bord och en golvlampa i vardagsrummet. Vi har en **matta** på **golvet**.

vårt hus	our house
vardagsrum	living room
tre sovrum	three bedrooms
kök	kitchen
källare	basement
matta	carpet
golvet	floor

Det finns ett kök bredvid vardagsrummet. Köket är husets nav. Vi tycker om att laga olika recept tillsammans. Det finns en diskmaskin, ett kylskåp, en ugn och ett skåp i köket. Tvättmaskinen finns i källaren.

det finns	there is
bredvid	beside
nav	hub
recept	recipes
diskmaskin	dishwasher
kylskåp	refrigerator

tvättmaskinen tvättmaskinen

A. Vocabulary

This is a copy of the original story. Fill the blank with missing words from the box.

trädgård	heter	spendera	trädgården
vackert	föräldrars	vänner	källare
beskriva	ganska	blommor	vardagsrum

Jag _____ Nicklas. Jag bor med min familj i ett _____ hus. Här kommer jag att _____ mitt hus. Det finns en vacker _____ på baksidan av mitt hus. Vi har många _____ och ett par träd i trädgården. Trädgårdsarbete är mina _____ hobby. Våra _____ och grannar besöker oss ofta. Vi tycker om att _____ tid med dem i _____. Vårt hus är stort. Det finns ett _____, tre sovrum, två badrum, kök och _____ i huset. Vardagsrummet är _____ stort.

B. Speaking Practice

Beskriv din lägenhet/hus!
(*Describe your flat/house!*)

C. Writing Practice

Answer the following questions.

Practice 1: Vad tycker Nicklas familj om att göra?
(What does Nicklas's family like to do?)

Practice 2: Vilken typ av rum finns det i huset?
(What type of rooms are there in the house?)

Practice 3: Vilka objekt finns i vardagsrummet?
(What objects are in the living room?)

Practice 4: Vilka objekt finns i köket?
(What objects are in the kitchen?)

Story 3: Our house

My name is Nicklas. I live with my family in a beautiful house. Here, I will describe my house. There is a beautiful garden at the back of my house. We have many flowers and some trees in the garden. Gardening is my parents' hobby. Our friends and neighbors visit us often. We like to spend time with them in the garden.

Our house is big. There is a living room, three bedrooms, two bathrooms, kitchen and basement in the house. The living room is quite large. There is one comfortable sofa, a table and one floor lamp in the living room. We have a carpet on the floor.

There is a kitchen beside the living room. The kitchen is the hub of the house. We enjoy cooking various recipes together. There is a dishwasher, a refrigerator, an oven and a cupboard in the kitchen. The washing machine is located in the basement.

D. Take your notes here

Story 4 🔊

Min dagliga rutin

My daily routine

Jag heter Robert. Jag **vaknar** runt klockan 6 på morgonen. Jag går **vanligtvis** ut på promenad och för att **göra övningar** i en timme. Sedan tar jag en **dusch**, dricker kaffe och äter frukost. Jag är en **lärare**. Mitt arbete **börjar** klockan 8 på **morgonen**. Jag måste vara vid busstationen klockan 7:30. Det tar cirka 20 minuter att nå skolan.

vaknar	wake up
vanligtvis	usually
göra	do
övningar	exercises
dusch	shower
lärare	teacher
börjar	starts
morgonen	morning

Jag jobbar på **en grundskola**. Mitt arbete är mycket **dynamiskt**. **Barn lär sig** genom att leka. Lärare måste **planera** och organisera många **lekar** för barn. Vi förbereder alltid en lektionsplan för nästa dag.

Jag lämnar skolan klockan 16:00 och går direkt till **gymmet**. Jag gillar att träffa mina **vänner** för middag. Vi tittar vanligtvis på en film eller går bara runt i staden. Jag somnar omkring 11:00 på kvällen. Det här är min vanliga dagliga rutin.

en grundskola	an elementary school
dynamiskt	dynamic
Barn	Kids
lär sig	learn
planera	plan
lekar	games
gymmet	the gym
vänner	friends

A. Vocabulary

This is a copy of the original story. Fill the blank with missing words from the box.

morgonen	lärare	lekar	börjar
vaknar	planera	grundskola	lektionsplan
vanligtvis	dynamiskt	övningar	klockan

Jag heter Robert. Jag _____ runt klockan 6 på morgonen. Jag går _____ ut på promenad och för att göra _____ i en timme. Sedan tar jag en dusch, dricker kaffe och äter frukost.

Jag är en _____. Mitt arbete _____ klockan 8 på _____. Jag måste vara vid busstationen _____ 7:30. Det tar cirka 20 minuter att nå skolan. Jag jobbar på en _____. Mitt arbete är mycket _____. Barn lär sig genom att leka. Lärare måste _____ och organisera många _____ för barn. Vi förbereder alltid en _____ för nästa dag.

B. Speaking Practice

Beskriv din dagliga rutin!
(*Describe your daily routine!*)

C. Writing Practice

Answer the following questions.

Practice 1: Vad gör Robert på morgonen?
(*What does Robert do in the morning?*)

Practice 2: Var arbetar Robert?
(*Where does Robert work?*)

Practice 3: Vad gör han på arbetet?
(*What does he do at work?*)

Practice 4: Van gör han vanligtvis efter arbetet?
(*What does he usually do after work?*)

Story 4: My daily routine

My name is Robert. I wake up around 6 o'clock in the morning. I usually go out for walking and do exercises for an hour. Then I take a shower, drink coffee and have breakfast. I am a teacher. My work starts at 8:00 in the morning. I have to be at the bus station by 7:30. It takes around 20 minutes to reach the school.

I work at an elementary school. My work is very dynamic. Kids learn through games. Teachers have to plan and organize many games for kids. We always prepare a lesson plan for the next day. I leave school at 16:00 and go directly to the gym. I like to meet with my friends for dinner. We usually watch a movie or just walk around the city. I sleep at around 11:00 in the evening. This is my usual daily routine.

D. Take your notes here

Story 5

Sommarlov

Summer holiday

Hej. Jag heter Andreas. **Sommaren** är min favoritårstid. Vanligtvis **reser** jag till ett nytt land under skolans **sommarlov**. **Vi tillbringade** vår sommarsemester i Turkiet förra året. Turkiet är ett **intressant land** att besöka under sommaren. Vi åkte till Antalya i juli månad. Antalya är en av de mest besökta städerna i Turkiet av **turister**. Jag gillar turkisk **matkultur** och **gästfrihet**. Nästa gång planerar jag att resa till Istanbul och lära mig mer om Turkiets historia.

sommaren	summer
reser	travel
sommarlov	summer break
vi tillbringade	spent
intressant land	interesting country
turister	tourists
matkultur	cuisine
gästfrihet	hospitality

I **slutet** av vår **semester** i Turkiet hade vi bestämt oss för att **besöka** mina farföräldrar. De bor i Uppsala, en stad i Sverige. Jag gillar att bo hos mina farföräldrar. Sveriges **natur** är mycket vacker. Jag cyklade i stora parker och samlade vilda **frukter** på vägen. Det finns fantastiska **landskap** och en mängd olika aktiviteter att göra i Sverige. Jag har fantastiska **minnen** från **mitt senaste** sommarlov.

slutet	the end
semester	vacation
besöka	visit
natur	nature
frukter	fruits
landskap	sceneries
minnen	memories
mitt senaste	my last

A. Vocabulary 📖

This is a copy of the original story. Fill the blank with missing words from the box.

matkultur	favoritårstid	sommarlov	besöka
tillbringade	besökta	gästfrihet	planerar
intressant	månad	turister	semester

Hej. Jag heter Andreas. Sommaren är min _____. Vanligtvis reser jag till ett nytt land under skolans _____.

Vi _____ vår sommarsemester i Turkiet förra året. Turkiet är ett _____ land att besöka under sommaren. Vi åkte till Antalya i juli _____. Antalya är en av de mest _____ städerna i Turkiet av _____. Jag gillar turkisk _____ och _____.

Nästa gång _____ jag att resa till Istanbul och lära mig mer om Turkiets historia. I slutet av vår _____ i Turkiet hade vi bestämt oss för att _____ mina farföräldrar.

B. Speaking Practice 🎤

Beskriv ett av dina sommarlov.
(*Describe one of your summer vacations.*)

C. Writing Practice

Answer the following questions.

Practice 1: Vilken är Andreas favoritårstid?
(*What is Andreas' favorite season of the year?*)

Practice 2: Vad gillar han om Turkiet?
(*What does he like in Turkey?*)

Practice 3: Varför åkte han till Sverige?
(*Why did he go to Sweden?*)

Practice 4: Vad gjorde han i Sverige?
(*What was he doing in Sweden?*)

Story 5: Summer holiday

Hello. My name is Andreas.

Summer is my favorite season of the year. I usually travel to a new country during my summer break in school.

We spent our summer vacation in Turkey last year. Turkey is an interesting country to visit during the summer. We went to Antalya in the month of July. Antalya is one of the most visited cities in Turkey by tourists. I like Turkish cuisine and hospitality. Next time, I plan to travel to Istanbul and learn more about Turkey's history.

At the end of our vacation in Turkey, we had decided to visit my grandparents. They live in Uppsala, a city in Sweden. I like to stay with my grandparents. The nature of Sweden is very beautiful. I was riding a bike in large parks and gathering some wild fruits on the way. There are amazing sceneries and a variety of activities to do in Sweden. I have great memories from my last summer vacation.

D. Take your notes here

Story 6

Familjen Andersson

The family Andersson

Hej. Jag heter Ulla. Jag vill **berätta** om min familj. Vi är **familjen** Andersson. Det finns sex personer i min familj - min mor och far, två **bröder** och min syster. Jag har farföräldrar, två mostrar och en farbror.

Min **mamma** heter Annika. Hon är mycket **vänlig**. Hennes huvudsakliga hobby är trädgårdsarbete. Hon tycker också om att lyssna på klassisk musik.

Min pappa heter Fredrik. Han har **bruna ögon** och brunt hår. Han **jobbar** på en bank. Han är vanligtvis mycket **upptagen**.

berätta	tell
familjen	family
bröder	brothers
mamma	mother
vänlig	friendly
bruna ögon	brown eyes
jobbar	works
upptagen	busy

Min **äldre** bror heter Jonas. Han har bruna ögon och kort brunt **hår**. Han planerar att studera **datavetenskap** vid universitetet. Jonas gillar att spela **gitarr**. Min yngre bror, Adam, går fortfarande på **gymnasiet**. Han spelar **fotboll**. Hans favoritfotbollsspelare är Mesut Özil. Min syster heter Lisa. Hon är den **yngsta** i familjen. Tyska, Matte och Musik är hennes favoritämnen i skolan. Lisa vill bli läkare i **framtiden**.

äldre	older
hår	hair
datavetenskap	computer science
gitarr	guitar
gymnasiet	high school
fotboll	soccer
yngsta	youngest
framtiden	future

A. Vocabulary

This is a copy of the original story. Fill the blank with missing words from the box.

bröder	upptagen	äldre	också
berätta	personer	vänlig	jobbar
familjen	mamma	klassisk	huvudsakliga

Hej. Jag heter Ulla. Jag vill _____ om min familj. Vi är

_____ Andersson. Det finns sex _____ i min familj - min

mor och far, två _____ och min syster. Jag har farföräldrar, två

mostrar och en farbror. Min _____ heter Annika. Hon är

mycket _____. Hennes _____ hobby är trädgårdsarbete.

Hon tycker _____ om att lyssna på _____ musik. Min pappa

heter Fredrik. Han har bruna ögon och brunt hår. Han _____

på en bank. Han är vanligtvis mycket _____. Min _____ bror

heter Jonas.

B. Speaking Practice

Vad tycker din syster eller bror om att göra?
(*What does your sister or borther like to do?*)

C. Writing Practice

Answer the following questions.

Practice 1: Vad tycker Annika om?
(*What does Annika like?*)

Practice 2: Var arbetar Fredrik?
(*Where does Fredrik work?*)

Practice 3: Berätta för oss om Jonas.
(*Tell us about Jonas.*)

Practice 4: Berätta för oss om Lisa.
(*Tell us about Lisa.*)

Story 6: The family Andersson

Hello. My name is Ulla. I want to tell you about my family. We are the Andersson family. There are six people in my family – my mother and father, two brothers, and my sister. I have grandparents, two aunts and one uncle.

My mother's name is Annika. She is very friendly. Her main hobby is gardening. She also likes to listen to classical music.

My father's name is Fredrik. He has brown eyes and brown hair. He works in a bank. He is usually very busy

My older brother's name is Jonas. He has brown eyes and short brown hair. He plans to study computer science at university. Jonas likes to play guitar.

My younger brother, Adam, still goes to high school. He plays soccer. His most favorite footballer is Mesut Özil.

My sister's name is Lisa. She is the youngest member of the family. German, Maths and Music are her favourite subjects in the school. Lisa wants to be doctor in the future.

D. Take your notes here

Story 7

Jordbrukarens dagliga rutin

Farmer's daily routine

Sverige har **många** byar. En av dem är **byn** Härad. Härad **ligger** 25 km från **staden** Eskilstuna. Byn har ren luft och rent vatten. Hans och hans familj bor i denna by. Hans är **jordbrukare**. De har en **stor gård**. Det finns 3 **kor**, 7 får, 4 getter, 3 **hästar** och många höns på gården. Hans och Marianne arbetar mycket hårt.

många	many
byn	the village
ligger	located
staden	the city
jordbrukare	farmer
stor gård	big farm
kor	cows
hästar	horses

Deras dagliga rutin börjar från **tidig** morgonen. De vaknar klockan 6. **De mjölkar** korna först. De gör vanligtvis **ost**, surmjölk och **grädde** av mjölken och **säljer** dem på **bondens** marknad. Familjen tycker om att **äta frukost** tillsammans. De har ägg, **honung**, ost, bröd, te och mjölk till frukost.

tidig	early
de mjölkar	they milk
ost	cheese
grädde	cream
säljer	sell
bondens marknad	farmer's market
äta frukost	having breakfast
honung	honey

Hans och **hans fru** planterar ekologiska **frukter** och grönsaker i sin trädgård. **Det finns** också flera **fruktträd** i trädgården. Marianne tillverkar **välsmakande** sylt av frukten. De planterar **potatis**, **morot** och **rödbeta** på sin jordbruksmark. Deras son Göran hjälper dem mycket i det dagliga arbetet.

hans fru	his wife
frukter	fruits

det finns	there are
fruktträd	fruit trees
välsmakande	tasty
potatis	potato
morot	carrot
rödbeta	beetrot

A. Vocabulary 📖

This is a copy of the original story. Fill the blank with missing words from the box.

staden	marknad	arbetar	familj
många	jordbrukare	tidig	vanligtvis
ligger	mjölkar	grädde	gården

Sverige har _____ byar. En av dem är byn Härad. Härad _____

25 km från _____ Eskilstuna. Byn har ren luft och rent vatten.

Hans och hans _____ bor i denna by. Hans är _____. De har

en stor gård. Det finns 3 kor, 7 får, 4 getter, 3 hästar och många

höns på _____. Hans och Marianne _____ mycket hårt.

Deras dagliga rutin börjar från _____ morgonen. De vaknar

klockan 6. De _____ korna först. De gör _____ ost, surmjölk

och _____ av mjölken och säljer dem på bondens _____.

B. Speaking Practice 🎤

Beskriv en bondes fina rutin.
(Desribe the daily routine of a farmer.)

C. Writing Practice

Answer the following questions.

Practice 1: Var ligger Härad?
(*Where is the Härad located?*)

Practice 2: Vad gör Hans och Marianne tidig morgon?
(*What do Hans and Marianne do in early morning?*)

Practice 3: Vad tillverkar Marianne av frukterna?
(*What does Marjana make from the fruits?*)

Practice 4: Vad planterar de på sitt jordbruksland?
(*What do they plant in their farmland?*)

Story 7: Farmer's daily routine

Sweden has many villages. One of them is the village of Härad. Härad is located 25 km away from the city Eskilstuna. The village has clean air and water.

Hans and his family live in this village. Hans is a farmer. They have a big farm. There are 3 cows, 7 sheep, 4 goats, 3 horses and many hens on the farm. Hans and Marianne are very hard-working.

Their daily routine starts from early morning. They wake up at 6 o'clock. They milk the cows first. They usually make cheese, sour milk and cream from the milk, and sell them at the farmer's market. The family enjoys having breakfast together. They have eggs, honey, cheese, bread, tea and milk for their breakfast.

Hans and his wife plant organic fruits and vegetables in their garden. There are also several fruit trees in the garden. Marianne makes tasty jams from the fruits. They plant potato, carrot and beetrot on their farmland. Their son Gert helps them a lot in their daily work.

D. Take your notes here

Story 8

Anna in Sverige

Anna in Sweden

Anna **kommer från** Rom. Rom är Italiens **huvudstad**. Anna deltar för tillfället i en **språkkurs** i Göteborg. Göteborg är en universitetsstad i **sydvästra** Sverige. Hon tycker mycket om språkkursen. Kursen börjar kl 9:00 på morgonen och **slutar** kl 13:00. Det finns fjorton **elever** i hennes klass. Nio av dem är pojkar och fem av dem är flickor. De **kommer från** olika **länder** för att lära sig svenska.

kommer från	is from
huvudstad	capital
språkkurs	language course
sydvästra	south-west
slutar	ends
elever	students
kommer från	come from
länder	countries

Annas vän Andreas Anna **kommer från** Rom. Rom är Italiens **huvudstad**. Anna deltar för tillfället i en **språkkurs** i Göteborg. Göteborg är en universitetsstad i **sydvästra** Sverige.

Hon tycker mycket om språkkursen. Kursen börjar kl 9:00 på morgonen och **slutar** kl 13:00. Det finns fjorton **elever** i hennes klass. Nio av dem är pojkar och fem av dem är flickor. De **kommer från** olika **länder** för att lära sig svenska.

Andreas går på **en annan** språkkurs. Han är i Umeå. Umeå är en **stor** stad i **norra delen** av Sverige.

När de avslutar gymnasiet i Rom vill de studera vid ett svenskt **universitet**. Anna vill studera medicin och bli läkare. Andreas vill studera **ingenjörsvetenskap**.

I slutet av kursen måste de ta **ett prov** på svenska. **Examensbeviset hjälper dem** att fortsätta sina studier på svenska.

en annan	a different
stor	big

159

norra delen	north part
universitet	university
ingenjörsvetenskap	engineering
ett prov	an exam
examensbeviset	the exam certificate
hjälper dem	help them

A. Vocabulary 📖

This is a copy of the original story. Fill the blank with missing words from the box.

språkkurs	slutar	språkkursen	klass
kommer	sydvästra	fjorton	pojkar
huvudstad	kommer	länder	svenska

Anna _____ från Rom. Rom är Italiens _____. Anna deltar för tillfället i en _____ i Göteborg. Göteborg är en universitetsstad i _____ Sverige. Hon tycker mycket om _____. Kursen börjar kl 9:00 på morgonen och _____ kl 13:00. Det finns _____ elever i hennes _____. Nio av dem är _____ och fem av dem är flickor. De _____ från olika _____ för att lära sig _____. Annas vän Andreas Anna kommer från Rom. Rom är Italiens huvudstad.

B. Speaking Practice 🎤

Vilka är dina favoritspråk?
(*What are your favorite languages?*)

C. Writing Practice

Answer the following questions.

Practice 1: Varifrån kommer Anna?
(*Where does Anna come from?*)

Practice 2: Vad gör hon i Göteborg?
(*What is she doing in Gothenburg?*)

Practice 3: Hur många elever är det i språkkursen?
(*How many students are in language course?*)

Practice 4: Vad vill Andreas studera?
(*What does Andreas want to study?*)

Story 8: Anna in Germany

Anna is from Rome. Rome is the capital of Italy. Anna is currently participating in a language course in Gothenburg. Gothenburg is a university town in the south-west of Sweden. She likes the language course very much. The course starts at 9:00 in the morning and ends at 13:00. There are fourteen students in her class. Nine of them are boys, and five of them are girls. They come from different countries to learn Swedish. Anna's friend Andreas is in a different language course. He is in Umeå. Umeå is a big city in the northern part of Sweden. When they finish high school in Rome, they want to study at a Swedish university. Anna wants to study medicine and become a doctor. Andreas want to study engineering. At the end of the course, they have to take an exam in Swedish language. The exam certificate will help them to continue their studies in Swedish language.

D. Take your notes here

Story 9

Hos doktorn

At the doctor's

För två **veckor** sedan blev Rickard **plötsligt sjuk**. Han hade hög **temperatur**. Han **nös** och hade **ont i halsen**. Han hade också **huvudvärk** och hosta. Hela kroppen värkte. Hans mamma gjorde **varmt te** åt honom. Men det **hjälpte inte** så mycket. Det fanns ingen medicin **hemma**, och hans mamma **var orolig** för honom.

veckor	weeks
plötsligt	suddenly
sjuk	ill
temperatur	temperature
nös	sneezed
ont i halsen	sore throat
huvudvärk	headache
varmt te	hot tea
hjälpte inte	didn't help
hemma	at home
var orolig	was worried

Hans mamma tog honom till en doktor. Han **undersökte** lungorna och tog temperatur på honom. Han **lyssnade** på hostan och **ordinerade** honom **behandlingen**. Han var tvungen att ligga **i sängen** och vila lite i några **dagar**. Hans mamma köpte all **nödvändig** medicin på apoteket. Rickard följde alla läkarens anvisningar. På några dagar blev han helt **återställd** och gick tillbaka till skolan.

undersökte	examined
lyssnade	listened
ordinerade	prescribed
behandlingen	the treatement
i sängen	in bed
dagar	days
nödvändig	necessary
återställd	recovered

A. Vocabulary

This is a copy of the original story. Fill the blank with missing words from the box.

temperatur	huvudvärk	behandlingen	nös
veckor	halsen	ordinerade	lyssnade
plötsligt	hjälpte	undersökte	hemma

För två _____ sedan blev Rickard _____ sjuk. Han hade

hög _____. Han _____ och hade ont i _____. Han hade också

_____ och hosta. Hela kroppen värkte. Hans mamma gjorde

varmt te åt honom. Men det _____ inte så mycket. Det fanns

ingen medicin _____, och hans mamma var orolig för honom.

Hans mamma tog honom till en doktor. Han _____ lungorna

och tog temperatur på honom. Han _____ på hostan och

_____ honom _____. Han var tvungen att ligga i

sängen och vila lite i några dagar.

B. Speaking Practice

Vad gör du när du blir förkyld?
(*What do you do when you catch a cold?*)

C. Writing Practice

Answer the following questions.

Practice 1: Varför gick Rickard till doktorn?
(Why did Stefano go to the doctor?)

Practice 2: Hur hjälpte hans mamma honom?
(How did his mother help him?)

Practice 3: Vad sa doktorn till honom att göra?
(What did the doctor tell him to do?)

Practice 4: Vad köpte hans mamma åt honom?
(What did his mother buy for him?)

Story 9: At the doctor's

Two weeks ago Rickard suddenly fell ill. He had a high temperature. He sneezed and had a sore throat. He also had a headache and a cough. His whole body ached. His mother made hot tea for him. But it didn't help that much. There wasn't any medicine at home, and his mother was worried about him.

His mother took him to a doctor. He examined the lungs and took his temperature. He listened to his coughing and prescribed him the treatement. He had to stay in bed and have some rest for couple of days.

His mother purchased all the necessary medicine at the pharmacy. Rickard followed all the doctor's instructions. In couple of days, he got fully recovered and went back to school.

D. Take your notes here

Story 10 🔊

En dag i Paris

A day in Paris

Mitt första **besök** i Paris var en enastående **upplevelse**. Det var en fantastisk **känsla** att **anlända** till Paris och se en modern stad med en **lång historia**. Vi anlände till Gare du Nord med tåg och tog sedan en taxi till vårt hotell. Hotellrummen var rena. Frukosten var välsmakande. Vi tog en vila och gick sedan mot Eiffeltornet. Vi hade **möjlighet** att göra lite sightseeing på vägen. Den första **berömda** byggnaden vi såg var L'Opéra Garnier. Vi åt på en av **restaurangerna** med en vy mot L'Opéra Garnier.

besök	visit
upplevelse	experience
känsla	feeling
anlända	arrive
lång historia	long history
möjlighet	opportunity
berömda	famous
restaurangerna	restaurants

Vi **fortsatte** att gå mot det **världsberömda** museet, Louvren. Vi gick in i **museet** och såg många **konstverk**. Museet är öppet från 9 till 18 varje dag utom tisdag.

Efter en **kort paus** fortsatte vi till Musée d'Orsay. Det här museet har den största samlingen av konstverk av en mycket berömd **konstnär**, Claude Monet.

Det var en kort resa till Paris. Vi hade en fantastisk tid. **Jag älskade** gatorna som var fyllda med små butiker, kaféer och restauranger. Jag lovade mig själv att jag skulle lära mig franska och komma tillbaka igen.

fortsatte	continued
världsberömda	world-famous
museet	the museum
konstverk	artworks
kort paus	short break
konstnär	artist
Jag älskade	I loved

A. Vocabulary 📖

This is a copy of the original story. Fill the blank with missing words from the box.

historia	modern	välsmakande	tisdag
anlända	fortsatte	museet	besök
upplevelse	världsberömda	konstverk	varje

Mitt första _____ i Paris var en enastående _____ . Det var en fantastisk känsla att _____ till Paris och se en _____ stad med en lång _____ . Vi anlände till Gare du Nord med tåg och tog sedan en taxi till vårt hotell. Hotellrummen var rena.

Frukosten var _____ . Vi _____ att gå mot det _____ museet, Louvren. Vi gick in i _____ och såg många _____ . Museet är öppet från 9 till 18 _____ dag utom _____ .

B. Speaking Practice 🎤

Beskriv en av städerna i vilken du har bott eller rest till?
(*Describe one of the cities you have lived in or traveled to?*)

C. Writing Practice

Answer the following questions.

Practice 1: Hur anlände de till hotellet?
(*How did they arrive at the hotel?*)

Practice 2: Vad såg de i Paris?
(*What did they see in Paris?*)

Practice 3: Vad kan du se i Louvren?
(*What can you see in the Louvre?*)

Practice 4: Var kan du se Claude Monets konstverk?
(*Where can you see the artwork of Claude Money?*)

Story 10: A day in Paris

My first visit to Paris was a remarkable experience. It was a great feeling to arrive in Paris and see a modern city with a long history. We arrived at Gare du Nord by train and then took a taxi to our hotel. The hotel rooms were clean. The breakfast was delicious. We had a rest and then walked towards the Eiffel tower. We had an opportunity to do some sightseeing on the way. The first famous building we saw was the Opera Garnier. We dined in one of the restaurants with a view to the Opera Garnier.

We continued walking towards the world-famous museum, the Louvre. We entered the museum and saw a lot of artworks. The museum is open from 9 am to 6 pm every day except Tuesday.

After a short break, we continued to the Musée d'Orsay. This museum has the largest collection of artworks of a very famous artist, Claude Monet.

It was a short trip to Paris. We had a fantastic time. I loved the streets that were filled with small stores, cafes and restaurants. I promised myself I'd learn French and come back again.

D. Take your notes here

Printed in Great Britain
by Amazon